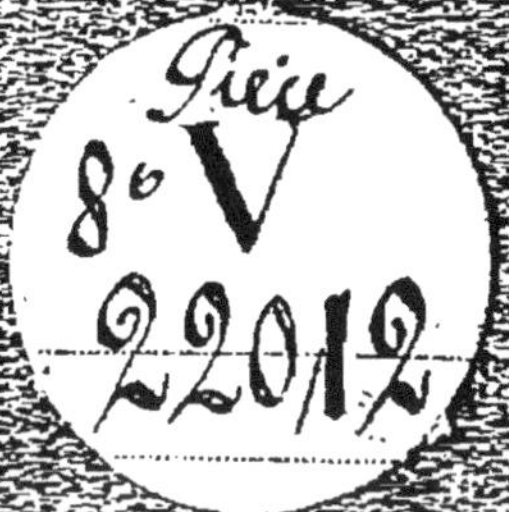

U. FISCHER

QUELQUES TRAVAUX DES ROSSET

SCULPTEURS ET PEINTRES COMTOIS

PARIS

19[illegible]

QUELQUES TRAVAUX
DES ROSSET
SCULPTEURS ET PEINTRES
COMTOIS

U. FISCHER

QUELQUES TRAVAUX DES ROSSET

SCULPTEURS ET PEINTRES COMTOIS

PARIS

1926

Voilà une nouvelle suite de l'ouvrage qu'il y a sept ans je consacrais aux Rosset. Si peu étendue qu'elle soit, on voudra bien y voir cependant le fruit de deux voyages dans le Jura, l'Ain et le Doubs. Très vraisemblablement d'ailleurs, pour ne pas dire sûrement, elle clora la série. Au surplus, je ne m'appliquai à réunir les éléments de cette suite, et aujourd'hui ne la donne à imprimer, qu'afin de tenir l'engagement pris dans la précédente (1925, page 29).

La matière est donc épuisée?

Loin de là.

Seulement elle se dérobe aux investigations d'un chercheur réduit à la visite à peu près exclusive des villes. Beaucoup d'œuvres des Rosset doivent effectivement se trouver encore dans les campagnes de la Franche-Comté, du

Bugey, du Genevois et du Chablais ; mais la dissémination des bourgades et, très souvent, leur altitude réclament les infatigables jarrets de la jeunesse, de cette jeunesse que je ne possède plus.

U. Fischer.

Paris, 29 Juin 1926.

ŒUVRES

NON ENCORE CITÉES

Le plan de cette suite est calqué, dans ses grandes lignes, sur celui de la précédente : le premier chapitre se trouvera donc consacré à des sculptures ou à des peintures non citées en 1919 ou en 1925; et le suivant, à des pièces du même genre déjà mentionnées, mais non encore analysées. Il deviendrait fastidieux de nous répéter touchant l'ordre de présentation des ouvrages, — le mutisme sur certains, même signés, — notre absence absolue de prétention à l'infaillibilité, relativement aux attributions, — la prise des mesures, suivant les sujets, — la date ancienne des moulages, indiqués à défaut des originaux, — la généalogie enfin, et partant l'époque où vécurent

Joseph, François et Antoine Rosset [1]. Aussi supposerons-nous lus préalablement des personnes que ces quelques pages pourront intéresser, non seulement le livre originaire de 1919 [2] mais également le complément de 1925 [3], ce dernier spécialement en ses pages 2 à 8 et 45 à 47. L'édition du premier, il est vrai, se trouve épuisée, et celle du second à peu de chose près ; mais diverses bibliothèques possèdent l'un et l'autre : à Paris, la Nationale, la Mazarine et Sainte-Geneviève, pour nous en tenir à trois, et, parmi les franc-comtoises, un assez grand nombre de municipales.

Afin d'éviter encore les redites, nous ajou-

1. Voici, dans sa partie essentielle, la teneur littérale du passage des registres paroissiaux de Saint-Claude concernant la naissance de François, passage que jusqu'ici nous n'avions pu donner, et où, à très juste titre d'ailleurs (1919, p. 7), Joseph figure avec les prénoms de Jean François :

« françois Marie fils Legitime du Sr Jean françois Rosset et de Delle Anne claudine Amable vincent son Epouse, né et Baptisé ce huitième fevrier, mil sept cent quarante trois... »

2. *Une famille de sculpteurs et de peintres comtois. Les Rosset.*

3. *Une semaine au pays des Rosset, artistes comtois.*

terons qu'à l'exception des christs, d'une scène d'intérieur peinte à l'huile, d'une statuette de religieuse et de deux petits sujets inspirés de Callot, tous les ouvrages, qu'ils relèvent du ciseau ou du pinceau, se limitent au buste.

Bibliothèque de Dôle [1]. — Trois pièces à citer : un ivoire, un moulage, une peinture.

A. — Dans un cadre collectif portant le n° 152 se voit, à gauche, un petit bas-relief, d'ivoire découpé, donnant les traits d'un médecin, Jean François Fevre. Profil (tourné à droite), perruque, jabot, habit, tout se présente bien. Quel artiste fit la pièce ? La Bibliothèque le couvre du voile de l'anonyme. Sous ce voile, pourtant, nous distinguons, à la marche du burin, Antoine Rosset, quoique,

1. Nous nous excusons auprès des habitants de cette ville de maintenir l'accent circonflexe, sur le caractère anti-historique duquel nous nous sommes précédemment expliqué (1919, p. 189 et 190). Cet opuscule cependant ne devant pas circuler exclusivement en Franche-Comté, nous avons estimé que, jusqu'à ce qu'une rectification officielle intervînt — chose faite peut-être au moment où nous écrivons, mais que nous ignorons — nous devions souffrir que l'usage général continuât à primer le local.

d'ordinaire, ses sujets accusent moins de relief. Hauteur de l'image : 3 cent.

B. — N° 151. Moulage d'un médaillon rappelant l'abbé Jantet. Cet ancien professeur du collège de Dôle a le profil à gauche et la tête nue. Relevés sur le front, les cheveux descendent jusqu'au dos. Accusés par un fond bleu, les traits s'harmonisent très heureusement avec la cravate, le gilet et l'habit du temps. Sur la tranche du buste : *F. Rosset.* Diamètre : 20 cent. ; effigie, 17.

C. — N° 49. Peinture à l'huile sur carton. C'est le portrait, par le précédent artiste, François donc, de Rouher, l'un des maîtres du poète Gilbert. La tête nue aussi, comme le profil à gauche, le modèle s'offre aux regards vêtu d'un habit noirâtre, que la cravate cherche à éclairer. Le temps a foncé certaines teintes au détriment de la finesse générale ; on employa à la fin du XVIIIe siècle, et au commencement du XIXe, plusieurs couleurs, à base de plomb ou de bitume, qui, sous le rapport de la fixité, laissèrent fort à désirer. Le tableau a 60 cent. de hauteur sur 45 de largeur.

Musée de Dôle. — Cinq pièces : deux marbres, un moulage, deux peintures.

A. — Sans indication d'auteur, mais, à notre avis, de Jacques Rosset, travaillés en ronde bosse, et ayant, l'un, 11 cent., et l'autre 10 cent. $\frac{1}{2}$, les deux marbres font pendants. Désigner les modèles n'est pas aisé. Il s'agit de ces bustes qu'on demandait fréquemment à notre trisaïeul, et pour l'exécution desquels cinq minutes de pose lui suffisaient en général (1919, p. 102 et 103). D'une physionomie assez ordinaire, du reste, et la tête nue, le premier personnage a le profil légèrement à gauche, la chemise entr'ouverte, une draperie autour. Le second, d'allure moins banale, porte une perruque ; la pose est identique, sauf que le visage se trouve, mais légèrement encore, tourné à droite. Le travail des deux morceaux ne laisse pas d'accuser une certaine lourdeur. Jacques a fait mieux, souvent même.

B. — N° 563. Moulage (fond bleu) d'un médaillon de François, représentant son propre père. On lit d'ailleurs en exergue circulaire : *J.-F. Rosset Dupont statuaire.* Profil à gauche, chevelure naturelle. Diamètre : 21 cent. ; effigie, 17. Le bas de la pièce a souffert.

C. — N° 281, *alias* 32 et 138. De François également, une peinture à l'huile sur carton (50 cent. de hauteur sur 38 de largeur) nous montrant, assis, un professeur de philosophie et de sciences physiques, Nicolas Daloz. Le profil à gauche encore et la tête découverte, le régent paraît en cravate blanche, avec un gilet noir et un habit bistre. Une main s'appuie sur un instrument de physique. Le temps, là aussi, a fait son œuvre.

D. — N° 81 (139 dans le haut). Voilà un panneau qui dut être délicieux. Aujourd'hui, il faut, par moments, et en raison d'ombres exagérées par les années, y chercher les intentions de l'artiste. Sept personnes, pas une de moins, animent le tableau (l'animèrent, devrions-nous dire, car, à cette heure, la vie s'en est à peu près retirée) : à gauche, un jeune garçon écrivant, et le père de famille (?) ayant un bambin sur les genoux : au centre, une femme tenant une chandelle de la main gauche, et de l'autre en abritant la flamme, puis une de ses congénères faisant la lecture à une voisine, qui écoute avec le plus profond recueillement ; à droite enfin, un enfant sommeillant. La largeur de cette peinture à l'huile (31 cent.)

l'emporte sur la hauteur (22 seulement). Le Musée attribue le travail à François.

M. l'abbé Maurice Perrod (Lons-le-Saunier). — Cet honorable ecclésiastique possède un christ d'ivoire haut de 19 cent., de 23 avec les bras. Par sa rigidité, ce christ déconcerte. Contemplé de face, et les bras naturellement mis à part, il ne dévie pas de la verticale; vu de flanc, il ne s'en écarte que juste pour que le haut du corps se porte un peu en avant. Il y a là un manque de souplesse qui conduirait à considérer le crucifix comme ne sortant pas de l'atelier des Rosset, si la manière de Joseph, alliée, c'est vrai, à celle de Jacques-Antoine, ne paraissait de place en place. Par une sorte d'imitation déférante, le fils assurément voulut plaire au père. Joseph pourtant se retrouve, et avec toute sa personnalité, dans l'inclinaison de la tête (sur l'épaule droite), dans la disposition de la partie de la chevelure y finissant, dans l'ouverture de la bouche, dans les dents supérieures enfin (fort apparentes). La langue doit être rapportée (une cheville, employée en pareil cas, se distingue près de la nuque). Presque mourant, ou paraissant tel, la pupille déjà à demi couverte, Jésus semble lever les yeux au ciel, mais le visage n'offre nullement l'expression qui distingue les christs de notre vénérable ascendant. Quant au travail intrinsèque de la chevelure et de la barbe, c'est du Jacques-Antoine tout pur. Et la couronne d'épines, quel genre inusité chez Joseph ! Visible par derrière, elle ne s'aperçoit pour ainsi dire pas sur les tempes et le front. En revanche, la draperie, qui, après avoir voilé les parties naturelles, présente une solution de continuité jusqu'au flanc gauche, où elle retombe, offre, même en la cordelette de soutien, son procédé habituel. Evidemment il y a du Joseph dans le christ, mais, non moins évidemment, il s'y trouve du Jacques-Antoine. Nous ne pouvions pas cependant ne pas signaler cette pièce, car, outre les beautés qu'on y relève à certains endroits, elle marque une date mémorable dans la carrière de notre quatrième aïeul ; peut-être débuta-t-il par là. A ce titre, l'ouvrage prend une valeur historique inattendue.

Bibliothèque de Besançon. — Un deuxième moulage du médaillon précédemment cité, représentant l'abbé Jantet, orne le cabinet de M. le conservateur ; effigie et fond toutefois sont du même ton.

M. Roger Drouhard (Besançon). — Dans la collection de M. Drouhard figure une statuette d'ivoire, de beau caractère, représentant une religieuse debout, les pieds nus, la tête quelque peu tournée à droite. Au devant du manteau, le long de la robe, descend le scapulaire des carmélites. Est-ce une Thérèse d'Avila ? L'ensemble ne laisse pas de rappeler la pièce du Louvre (1919, p. 83). Dans notre grand musée national cependant, le visage se porte à gauche et trahit l'extase (alors qu'ici c'est contentement pur), puis la sainte y a des sandales. On prend plaisir à examiner la statuette de M. Drouhard, malgré la dégradation de certains doigts de la main droite. Mais quel regret d'apercevoir tout à coup un cœur dans la gauche ! Cet accessoire, assurément, est fréquent en peinture ; il peut du reste y produire beaucoup d'effet, l'artiste ayant la ressource d'en faire jaillir maints rayons lumineux, par exemple. La sculpture, par contre, se tire généralement assez mal de l'emploi d'un tel

2

emblème. A ce cœur, assez rudimentaire d'ailleurs, et au travail du dos du manteau, nous reconnaissons le faire de Jacques ; mais Joseph a dû se réserver le visage, qui est superbe de rendu et, par surplus, présente des affinités profondes avec celui du Louvre. La pièce atteint 12 cent., 11 ½ sans l'assise.

M. Louis Genevaux (Lons-le-Saunier). — Deux bas-reliefs d'ivoire découpé, représentant, l'un, Voltaire, l'autre, J.-J. Rousseau, et ayant, selon nous, orné jadis des dessus de tabatière, mais placés aujourd'hui dans des cadres, furent récemment acquis par M. Genevaux. Des personnages on ne voit pas la totalité du buste, mais seulement la tête et le cou. Sans perruque, ridé, la lèvre inférieure très avancée, le bourrelet caractéristique des derniers temps sous le menton (1925, p. 24), Voltaire offre le profil à droite. La pièce est soigneusement composée. Appartenant à l'époque des dessus de tabatière (1919, p. 62 et 63), elle ne révèle pas le travail d'un seul et même artiste : Antoine a certainement eu, dans l'exécution du morceau, la part dominante ; mais le rendu des cheveux, tout particulièrement, trahit François. La hauteur de l'image est de 3 cent.

Rousseau présente le profil à gauche. La chevelure abondamment fournie, il ne porte de rides à proprement parler, et sommairement encore, que près de l'œil, à moins qu'on ne veuille (au fond, non sans raison) accorder ce caractère à un pli singulier qui, commençant à droite de la bouche, en descend pour former un bourrelet comme chez Voltaire, mais un bourrelet, cette fois, s'harmonisant peu avec le reste du visage. Si le nez accuse la bosse caractéristique, c'est sans la moindre exagération. Le relief se trouve plus prononcé que dans l'effigie précédente. Hauteur et attribution identiques.

Dans la cavité destinée à représenter la pupille de l'un et de l'autre personnage existe, à la partie supérieure, un fragment d'ivoire simulant remarquablement le reflet du jour.

MLLE SUZANNE JOBIN (Lons-le-Saunier). — Un christ d'ivoire, de Joseph toute première manière, voilà ce que cette demoiselle voulut bien nous montrer. Naturellement la chevelure et la barbe n'accusent pas le fini accoutumé du maître; nous ne serions même pas étonné que Jacques-Antoine y eût mis la main. La couronne d'épines (dont une partie paraît brisée au-dessus de l'épaule gauche) ne ressemble pas non plus à celle que finalement adoptera Joseph. D'autre part, les pupilles manquent légèrement de symétrie. Mais la bouche, les dents supérieures, les bras, les jambes, les doigts des mains, la draperie enfin, retombant sur le flanc gauche, sont nettement de notre quatrième aïeul. Les pieds, par contre, ne laissent pas de rappeler un peu le procédé de Jacques-Antoine. Si nous ne pouvons reconnaître au visage une grande expression, nous devons en revanche accorder au torse des éloges sans réserve : il est d'une beauté rare; puis il s'accompagne d'un jet de côté du flanc droit très réussi. Hauteur : 16 cent., et, avec les bras, 19.

Mme Louis Trouillot (Lons-le-Saunier). — Encore un christ de Joseph première manière, mais d'inspiration plus heureuse, comme tête en tout cas. Celle-ci s'incline sur l'épaule droite, et une longue touffe de cheveux y tombe également. Assurément la masse capillaire et la barbe recevront encore, par la suite, plus de fini de la part de l'artiste; mais la couronne d'épines (à deux branches) est déjà très présentable. Il y a bien une esquisse d'éventail au devant du tarse; d'imitation de Jacques-Antoine toutefois, nous ne relevons rien d'autre. La date d'exécution du morceau est donc postérieure à celle du précédent. La symétrie se trouve d'ailleurs observée dans les pupilles; puis torse, draperie (finissant pareillement sur le flanc gauche), bouche, dents (fort discrètement mises en évidence), tout cela satisfait l'œil. Hauteur: 17 cent.; avec les bras, 20.

M. Léon Picquet (Bourg). — Ce descendant de Jacques (branche cadette) [1] possède un bas-relief d'ivoire découpé rappelant Buffon à notre souvenir. Le profil se trouve à gauche,

1. Dans l'acte de mariage de Jean Baptiste Piquet avec la seconde fille de notre trisaïeul (28 germinal an XII), le nom du conjoint se trouve, comme celui du père, invariablement écrit sans *c* par l'officier de l'état civil; cette lettre est absente aussi du nom patronymique figurant sur un ordre de service adressé sept ans auparavant, le 1er fructidor an V, au futur époux, alors, chirurgien en chef de l'hôpital militaire de Corfou. L'emploi officiel (continu, en tout cas) de la consonne ne se constate que postérieurement.

et le grand écrivain porte une perruque aux boucles aussi nombreuses que longues descendant jusque sur le dos. Une draperie, enserrant les épaules, laisse découvert le haut de la poitrine. Age mûr (pas de rides à la commissure des lèvres; quelques-unes cependant, faibles il est vrai, près de l'œil). Au sommet de la pupille, reflet de lumière des plus heureux, analogue à celui dont nous parlions il y a un moment à propos de deux dessus de tabatière. Nous voyons dans cette pièce un travail d'Antoine. Quelque belle que se présente l'image, on peut pourtant critiquer un bizarre croisement de veines au cou, rien ne venant autre part en balancer le relief. Hauteur de l'effigie : 5 cent.

M. Jules Epely (Saint-Claude). — Dans la demeure de M. Epely se trouve un troisième moulage du médaillon consacré à l'abbé Jantet. Comme celui de la Bibliothèque de Besançon, il est d'un seul ton. Mais il porte son âge : si les années épargnèrent à peu près le profil, elles entamèrent le reste au point que de la signature mise sur la tranche (*F. Rosset*), on ne distingue plus maintenant que ... *set*.

M. Germain Vuillermoz (Oyonnax). — Un christ d'ivoire, haut de 30 cent., de 32 avec les bras, orne la résidence de M. Vuillermoz. Selon nous, il est de Joseph. Le style s'en rattache à la deuxième phase de la carrière de l'artiste. Celui-ci s'est à peu près affranchi de l'imitation pleine de déférence que, jusque-là, il avait eue, de temps à autre, pour l'enseignement de son père. Ainsi le bas du tarse n'offre plus, de l'éventail familier à ce dernier, qu'un embryon à peine perceptible.

Jésus arrive au dernier terme de l'agonie ; il y aurait toutefois quelque témérité à l'affirmer, car les pupilles ne sont pas burinées ; et le blanc des yeux, blanc énorme qui ne se trouve pas, du reste, aussi prononcé au droit qu'au gauche, déroute. L'artiste néanmoins fut tellement possédé par son sujet qu'il sut, malgré cela, donner au visage une expression magnifique. La bouche, les dents supérieures, puis la barbe et la chevelure (fouillées l'une et l'autre sans tomber dans la mièvrerie) portent la marque de ses meilleurs jours. La langue est-elle rapportée ? Nous pouvons en douter, car la cheville alors usitée se voit, non point à la nuque, mais presque au sommet de la tête :

nous croirions plutôt à un éclat dont la cavité se trouverait ainsi comblée. Au devant des épaules, et contrairement à son habitude, Joseph a fait tomber la chevelure en masses sensiblement égales. Le flanc droit se porte légèrement de côté, et une double cordelette soutient la draperie, laquelle (sans que pour cela l'unité d'aspect devienne compromise) est formée de deux morceaux.

Maintenant, les bras mettent les veines en évidence, tandis que les membres inférieurs, qui supportent le poids du corps et où, par suite, le sang doit nécessairement affluer, se trouvent privés de ce relief. Pourquoi ? Plus que probablement parce que notre ascendant eut affaire à l'impatience d'un client. Il lui arrivait parfois de céder à cette impatience (que motivaient, par exemple, une fête à souhaiter, le cadeau à offrir), et de se dessaisir de l'objet contre la promesse formelle qu'on le lui rendrait sans tarder pour l'achèvement : autant toutefois, paraît-il, en emportait le vent ! Cette hypothèse tombant, quelle explication donner de l'absence des pupilles, contraire, nous ne dirons pas, à la statuaire antique et, dans une certaine mesure, à la moderne, mais à la pratique constante de Joseph? C'est la seconde fois seulement que nous nous trouvons en présence d'une telle dérogation de sa part. Ne perdons pas de vue que le maître se montra très réaliste dans l'exécution du morceau, puisqu'il voulut rendre jusqu'aux reliefs veineux. Or si, en ceci, il se borna aux bras, c'est que certainement on lui ôta la possibilité de faire le même travail aux jambes. Il convient de remarquer en effet, dans le cas qui nous occupe, que, par rapport aux cuisses, les mollets présentent une grosseur inaccoutumée, le gauche surtout. Pourquoi encore cette anomalie? Assurément parce que la râpe ne disposa que juste du temps nécessaire pour préparer au droit l'assise réclamée par le dessin imminent des veines, et n'en disposa même pas du tout pour opérer semblablement au gauche; or c'est ce dessin qui, en dégageant la matière, aurait incontinent ramené les mollets à la dimension normale.

Nous voyons certainement dans le christ de M. Vuillermoz un ouvrage de belle inspiration; cependant un regrettable manque de patience vint en paralyser, si nous pouvons dire, l'épanouissement total.

Mme Désiré Monnet (Chaudanne-Besançon). — Nous arrivons aux sculptures dont, l'année dernière, nous nous étions vu forcé de différer la description (p. 28 et 29), lorsque nous citions les œuvres réunies par M. Désiré Monnet. Comme leurs sœurs alors mentionnées, elles se trouvent présentement au château de Chaudanne, où la veuve du regretté disparu prend un soin vraiment pieux de la collection entière : non seulement le Voltaire au visage endommagé (1925, p. 40) a été fort correctement réparé, mais un nouveau sujet fut placé sous nos yeux.

Par suite de cette adjonction, celles des pièces que nous devons signaler aujourd'hui consistent en un christ d'ivoire, en une terre cuite et en trois moulages de médaillons.

A. — A notre avis, le crucifix est de Joseph. Penchant sur l'épaule droite, la tête a beaucoup d'expression ; la bouche s'ouvre franchement, si les dents se devinent plus qu'elles ne se voient. La draperie finit sur le flanc droit, où elle semble rapportée. Pas de couronne d'épines. Dans ce christ encore, le relief des veines se trouve rendu aux bras, et même aux pieds, mais non aux cuisses. Hauteur du corps : 24 cent. ; 29, bras compris. L'ensemble est fort intéressant, en dépit d'un doigt cassé à la main droite.

B. — La terre cuite donne, en médaillon, les traits d'un inconnu. Dorée, l'effigie se détache sur un fond bleu. Diamètre : 16 cent. ; image : 14. Pour nous, François exécuta le morceau, bien que sur la tranche du buste — et encore si notre mémoire est fidèle — l'*F* qui ordinairement précède le nom ne se voie pas. Le personnage, dont le profil s'offre à gauche, a la perruque, la cravate et l'habit de l'époque.

C. — Le premier moulage nous montre, une fois de plus, notre quatrième aïeul, le profil encore à gauche et tête nue. Cette reproduction ressemble à s'y méprendre, si proprement elle ne constitue un double, au n° 563 du musée de Dôle. A Chaudanne toutefois l'effigie est dorée, et le diamètre n'atteint que 19 cent. Là pourtant il n'y aurait pas réellement dissemblance, car il existe un cadre, et nous ne comprenons jamais cet accessoire dans les mesures.

D. — La deuxième reproduction (effigie dorée toujours, aussi bien que fond bleu) se confond, comme sujet, avec les trois, déjà signalées (p. 4, 9 et 14), concernant l'abbé Jantet.

E. — La troisième enfin n'est autre que la pièce que nous n'avions pas encore vue. Il s'agit d'un moulage de médaillon, de tous points pareil aux deux décrits à la page 19 du complément de 1925 ; mais par suite de son bel état de conservation, ou de sa netteté plus accentuée dès l'origine, le mot *Fecit* s'y lit aisément.

Comme fin de chapitre, nous signalerons, en addition aux dessins que personnellement nous possédons de notre trisaïeul (1919, p. 103 et 104), deux petits croquis de route, au crayon Conté, pour le premier, à la mine de plomb, pour le second, et représentant : celui-là, des maisonnettes sur le penchant d'un coteau couronné par une vieille forteresse ; celui-ci, une résidence agreste comprenant un pavillon de forme ronde, au toit pointu.

ŒUVRES

NON ENCORE ANALYSÉES

Notre présence sur le sol comtois nous donnait la possibilité de voir de près, ou de revoir, certains travaux des Rosset simplement cités ; l'analyse de ces travaux va suivre.

Bibliothèque de Dôle. — Cinq pièces : un bas-relief d'ivoire découpé, deux médaillons de marbre blanc, un moulage, une peinture à l'huile.

A. — N° 152. De faible dimension (4 cent. d'image), le bas-relief met bien en évidence la physionomie de cet abbé Jantet, plusieurs fois mentionné déjà et qui, vraisemblablement, se confond avec le Gentet de M. l'abbé Brune (1919, p. 163). La tête est nue, le profil tourné à gauche. La Bibliothèque attribue l'ivoire à Antoine.

B. — N° 137. Charles Bonnet. Le médaillon a 16 cent. de diamètre, 14 de hauteur d'effigie. La tête est également nue, mais tournée à droite, et le sommet de la poitrine découvert. Beaucoup de naturel. Même attribution de la part de la Bibliothèque.

C. — N° 140. Buffon. Dans ce médaillon, de taille et de composition presque semblables, le grand naturaliste tourne le visage à gauche; aussi la Bibliothèque expose-t-elle la pièce en pendant. Buffon porte une perruque dont les longues boucles tombent sur le cou ; la figure est d'une belle sérénité. Attribution identique encore.

D. — Moulage (pas de numéro d'ordre) d'un petit médaillon d'ivoire qu'Antoine avait consacré à son père. La physionomie, l'attitude, le costume sont ceux qu'on observe le plus généralement dans les portraits de Joseph Rosset : profil à gauche, chemise entr'ouverte, draperie autour. La pièce a 8 cent. de diamètre, 4 ½ d'image.

E. — N° 48. Encore notre quatrième aïeul, mais par François, et peint à l'huile. La pose rappelle celle du tableau figurant au musée de Besançon (1919, p. 78). Profil pareillement à gauche, chevelure naturelle, calotte. Ici toutefois Joseph tient, de la main droite, un maillet, et, de la gauche, un ciseau. Puis le portrait n'est pas de forme ronde, mais rectangulaire (39 cent. de hauteur sur 29 de largeur). Le temps a épargné cette peinture un peu plus que les autres.

Musée de Dôle. — Deux pièces : un marbre et un portrait à l'huile.

A. — N° 578. Voltaire en ses dernières années. Les rides accentuées et formant sous le menton le bourrelet connu, la tête nue et légèrement à droite, puis une mèche de cheveux descendant sur chaque joue jusqu'au conduit auditif, un peu au delà même, le modèle semble vivre. De marbre blanc et de plein relief, l'ouvrage a, sans le piédestal, 28 cent. ½ de hauteur, 40 avec la base, et 17 ½ de largeur. Si exceptionnellement nous n'arrondissons pas au centimètre, comme pour les pièces d'une certaine grandeur, c'est que les mesures précises nous serviront dans un instant pour porter la discussion sur l'attribution d'un moulage possédé par la Bibliothèque de Besançon. Derrière les épaules : *F. Rosset Ft A St Claude.* Buriné différemment du reste de l'inscription et d'une taille plus grande aussi, le premier *F*, dont la lecture laisse quelque peu à désirer, qui chevauche sur une inégalité du marbre et qui, de plus, joue l'*S* typographique, peut faire croire à une addition : par là, il expliquerait, de la part de la Bibliothèque de Besançon, l'attribution de la pièce à Joseph.

B. — N° 299. Portrait à l'huile d'Attiret. Presque de face, les cheveux grisonnants et la chemise entr'ouverte sous un habit brun foncé, tel se montre le sculpteur. Le Musée attribue à François cette toile, qui a 69 cent. de hauteur sur 51 de largeur. Par instants, la touche de l'artiste disparaît entièrement dans l'obscurité des teintes due au vieillissement des couleurs. En bas, au pinceau : *Attiret sculp. un parent du missionnaire de ce nom mort à pekin premier pintre de l'empereur de la Chine*.

Bibliothèque de Besançon. — Nous arrivons à la reproduction du Voltaire de Dôle précédemment décrit. « Ce plâtre — écrivait, il y a quelque quarante ans, M. A. Castan, dans l'*Inventaire général des richesses d'art de la France* — est le moulage d'un buste en marbre blanc qui appartient à la Bibliothèque de la ville de Dôle. » Tout d'abord, en appliquant le mètre sur ce moulage, nous trouvons 37 cent. ½ de hauteur totale, au lieu des 40 indiqués par cet écrivain et bien atteints, d'ailleurs, par l'original placé maintenant au musée dôlois. D'autre part, on s'en souvient, cet original a 28 cent. ½ sans le piédestal et 17 cent. ½ de largeur; or les mesures correspondantes sont, à Besançon, de 27 cent. ½ et de 16 ½. Que signifient ces écarts? Aurait-on usé, pour obtenir la reproduction, d'un de ces artifices qui souvent échouent, ou, quand ils réussissent, altèrent assez généralement la finesse du moulage réduit? Hypothèse fragile. Quel eût été le mobile? Existait-il à Dôle, du temps de M. Castan, un autre Voltaire, aujourd'hui disparu? Ou le moulage de Besançon proviendrait-il d'une réplique? Mais alors quel serait l'auteur de celle-ci? Joseph, pour suivre M. Castan, ou François? Remarquons que le moulage ne porte pas au dos l'inscription de Dôle. S'il s'agissait d'un original, l'attribution deviendrait facile, mais, avec un plâtre, il n'en est pas ainsi. Cette matière n'épouse pas toujours parfaitement la forme première (les arêtes de juxtaposition offrent, au cas qui nous occupe, des saillies étonnamment prononcées). Dans ces conditions, nous devons nous tenir sur la réserve, jusqu'à ce qu'une circonstance quelconque (par exemple, une exposition régionale) nous permette d'avoir simultanément sous les yeux l'un et l'autre ouvrage ; une photographie ne suffirait point.

M. Louis Baille (Besançon). — C'est d'un christ d'ivoire qu'il va maintenant s'agir. Vue en 1906 à l'exposition rétrospective des arts en Franche-Comté (1919, p. 82, *g.*), cette pièce de choix figure aujourd'hui dans la collection de M. Louis Baille. Jésus incline la tête sur l'épaule droite, en avant de laquelle tombe la touffe de cheveux la plus apparente. La couronne d'épines est à deux branches. Sous la douleur, la hanche droite brise légèrement la verticale. Le visage présente une rare expression. Ce crucifix, à la bouche nettement ouverte, aux dents supérieures très distinctes, est, à notre jugement, de Joseph. Remarquables de fini, les mains se trouvent, à la paume, absolument intactes, les clous accomplissant leur œuvre aux os mêmes du poignet. Un côté moins heureux : les veines se voient encore au bras, et même trop, car les membres inférieurs sont à peu près privés du relief. Il n'existe enfin — mais, par contre, il n'y a là nulle critique de notre part — aucune cordelette pour retenir la draperie, qui descend sur le flanc gauche après croisement aux parties naturelles. Ces deux dernières particularités (veines inégales, absence de cordelette), qu'on ne trouve guère réunies que vers la fin de la première phase de Joseph, permettent de dater l'ouvrage : 1730, ou environs. Hauteur : 25 cent., et, avec les bras, 28.

M. Charles Pillot (Besançon). — A l'exposition aussi de 1906, mais sous le nom de M. L. Pillot (1919, p. 82, c.), figura un médaillon d'ivoire découpé représentant un inconnu, les cheveux tombant en boucles sur le dos et le profil tourné à gauche. Le visage de ce personnage, relativement jeune, reflète un calme parfait d'esprit. La cravate en chute de jabot et l'habit à boutons, tous deux de la fin du XVIIIe siècle, sont d'une fine exécution. Hauteur de l'image : 7 cent. $\frac{1}{2}$. Sur la tranche du buste : *A : Rosset. Sculpsit.* 1800.

Mme Henri Drouhard (Paris). — Voici, pour clore le chapitre, deux petites statuettes d'ivoire exposées à Besançon encore (1919, p. 82, *f.*) et que, grâce à M. Roger Drouhard, nous avons retrouvées à Paris, chez sa propre belle-sœur, veuve de l'officier de mérite, de l'officier de haute bravoure qui les prêta en 1906 et dont la guerre de 1914 vint, hélas! abréger la carrière.

De ces pièces, inspirées de Callot, la première représente une mendiante debout, allaitant son enfant, qu'elle tient du bras droit, pendant que, de l'autre, elle lui présente le sein. La sébile destinée à recueillir les aumônes pend au flanc droit, et tout à côté se trouve un sac d'importance, ouvert par le milieu à l'instar d'une besace. La miséreuse a les cheveux couverts d'un foulard, qui les déborde par devant et, par derrière, en épouse la forme. Le reste de l'habillement respire la pauvreté, la jupe notamment. Cette mendiante n'a nullement l'air madré, retors de la généralité des *baroni*; la physionomie éveillerait plutôt la sympathie. Jacques, car c'est à lui que nous attribuons la statuette, fait ses premiers pas. Il recourt trop à la râpe, insuffisamment au grattoir de fini; la gouge de second emploi et surtout le burin n'interviennent que dans la mesure stricte où l'exige le modelé. Il débute donc, et on ne lui a sans doute laissé exécuter la pièce, et l'exécuter seul, qu'afin de voir ce dont il est capable sans collaboration aucune. On lui mesure d'ailleurs l'ivoire : le sujet ne dépassera pas, assise comprise, 7 cent. ½ de hauteur. Notre trisaïeul s'est-il bien tiré de l'épreuve? Pour un novice, oui. Évidemment, ce n'est pas le fini des jours à venir; c'est de l'ébauche poussée, du travail large; mais, si le détail se trouve négligé, l'ensemble offre cette unité d'expression, cet accent de vérité qui, à la rigueur, peuvent suffire pour caractériser l'œuvre d'art.

Le second ivoire, d'à peu près même grandeur, personnifie un gueux aux traits non moins exempts de malice. Debout également, coiffé d'un bonnet élevé et le bras gauche en écharpe, il s'appuie, d'autre part, sur une béquille, dont malheureusement on n'aperçoit plus aujourd'hui que le haut. Il porte, au cou, un sac à provisions; à la ceinture, une gourde. L'accoutrement est la négligence même : un bas glisse insensiblement vers le pied. Dans cette statuette, nous relevons encore le faire de Jacques, mais partiellement; une autre main s'y découvre en effet. Maintenant quel a été ce collaborateur, à nos yeux, cette fois, purement accidentel; et à quel moment l'a-t-il été? Avant ou bien après le travail fourni par notre trisaïeul? C'est difficile à préciser. En tout cas, notre pensée ne va pas plus chercher Joseph que François ou Antoine.

DERNIERS PROPOS

Si, au cours de cet opuscule, nous sommes parvenu à signaler quelques œuvres non encore indiquées des Rosset, nous avons échoué, par contre, dans nos efforts tendant à terminer l'analyse des précédentes, citées dès 1919. Il ne convient pas toutefois de s'en étonner. Effectivement, les travaux alors mentionnés et qui échappèrent à la description de 1925, comme à celle de cette année, peuvent se ranger en trois catégories ;

1° Les pièces perdues, ou, ce qui revient sensiblement au même, sans possesseur connu aujourd'hui;

2° Les pièces dont le possesseur, bien que parfaitement connu, ne se trouvait pas chez lui quand nous nous y sommes présenté ;

3° Les pièces placées dans des églises, ou faisant corps avec la façade, et, par suite de leur élévation marquée au-dessus du sol, fort malaisées à examiner en tant que détails, à moins d'utiliser une échelle (d'un emploi, pour nous, assez dangereux).

A aucune de ces catégories nous ne rattachons les ouvrages présentant l'un ou l'autre de ces caractères, mais dépeints, il y a sept ans, d'une manière suffisamment étendue pour se passer, à la rigueur, d'explication complémentaire (au cas surtout où les sources indiquées au bas des pages sortent elles-mêmes de la concision).

Nous n'y mettons pas davantage deux sujets que l'éloignement relatif ou l'incommodité du trajet nous empêchèrent seuls d'aller étudier : le buste de Voltaire placé au musée de Chambéry (1919, p. 119) et le maître-autel de l'église de Rivière-Devant (p. 82 et 118). Si ultérieurement nous venons à gagner ces deux localités, et qu'au résultat, présumé favorable, de notre examen nous ayons la chance de pouvoir joindre l'analyse de quelques pièces des deux premières classes, nous publierons peut-être, non pas un nouvel ouvrage (relativement aux Rosset, la série — nous l'avons déclaré dans l'avant-propos — est à considérer comme close), mais un petit cahier (une huitaine de pages, par exemple), que nous enverrons à nos fidèles lecteurs pour qu'ils le glissent purement et simplement à la fin du présent opuscule.

Cependant cela paraît assez douteux, et la raison commande de nous conformer aujourd'hui à la déclaration même de l'avant-propos.

Conséquemment, et au moment de poser la plume, nous remercions une fois encore les amateurs d'art qui, au cours des années qui viennent de s'écouler, voulurent bien nous ouvrir, soit leur demeure, soit les galeries publiques placées sous leur garde, afin que nous pussions examiner les œuvres des Rosset y figurant, ou qui, sachant où nous devions en voir, nous l'indiquèrent fort obligeamment. La parenté ou la qualité d'ami rangeaient, bien avant 1919, certains d'entre eux au nombre de nos relations suivies. Seule, par contre, notre recherche de ces œuvres nous mit en rapport avec d'autres personnes que, dès lors, nous n'aurons plus, sans doute, l'occasion de revoir. Des dernières, par suite, prenons congé comme de ces gens sympathiques dont le hasard des excursions amène parfois la rencontre, aux côtés de qui l'on se plaît à cheminer un moment, vers qui l'on se sent incontestablement attiré, mais que la destinée, essentiellement mystérieuse, ne permet de connaître que beaucoup trop tard, et aussi pour trop peu de temps, puisque, dans le gris du paysage, ne tarde pas à se dessiner le tournant de la route où la séparation doit se faire.

FIN

INDEX DES NOMS

DES PERSONNES CITÉES

SIGNES ABRÉVIATIFS :

C. Collectionneur, — ou, d'une manière générale, propriétaire d'une sculpture dont il a été fait mention.

R. Représenté (ou représentée) dans un ouvrage de cette nature.

A

B

C

D

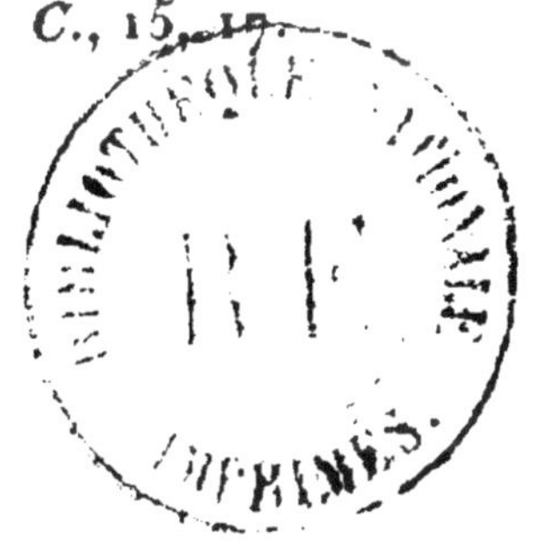

TABLE DES MATIÈRES

PARIS

IMPRIMERIE LAHURE

9, RUE DE FLEURUS, 9

www.ingramcontent.com/pod-product-compliance
Ingram Content Group UK Ltd.
Pitfield, Milton Keynes, MK11 3LW, UK
UKHW021522260726
13993UKWH00004B/1829

9 782329 199443